Colección #72

«Razón de Ser»

Amaury González Reyes

OASIS & ALAMBIQUE

PUBLISHING

Published by:
OASIS & ALAMBIQUE PUBLISHING CORP.
Miami, Florida
(c) 2020 Amaury González Reyes
~Colección #72: "Razón de Ser"
ISBN- 9798673872956

Esta colección #72 fue finalizada en Miami, en el mes de noviembre del 2010.

TÍTULOS

1- <u>ME DESNUDO</u>

Estoy abriendo la puerta de la habitación,
te confieso que tiembla mi mano...
No me imagino cómo está tu corazón,
pero el mío no anda tan puro ni tan villano.

Traspaso el umbral y llego al corredor,
tiro las llaves minuciosamente;
me aseguro de que desmanteles el fervor
y ya la cama me espera caliente.

Entro al baño y una ducha tibia me asea,
el champú apunta al aroma que te gusta;
me estoy secando mientras se procrea
ese cosquilleo que me desajusta.

Busco la más mediana de mis toallas,
indagando la manera de no quedarme mudo;
la sensación de verte allí requiere agallas,
me presento frente a ti y me desnudo.

Mis sueños se han hecho realidad
con la licencia de compartir tu espacio;
harán falta más toallas para la humedad
y rebuscar el ADN, en nuestro pelo lacio.

Mi torso al aire y la esperanza al sol,
contemplas mi nerviosismo con ternura;
voy despacito hacia tu lado de crisol
y me empiezo a erizar, al dejar la cerradura.

Me desnudo y es difícil para un hombre,
no quiero parecerte un exhibicionista;
pero en mi cuerpo desarropado ves tu nombre,
aquí, donde mi alma te hace protagonista.

2- <u>POEMA DE LO QUE ME PROVOCAS</u>

Has llenado los vacíos desfavorecidos de mi existencia,
has plantado bandera en cada ventrículo de mi corazón;
hoy cuando me preguntan de crisis no hago resistencia,
porque mi crisis no era ésta, sino de una mujer con sazón.

Yo no sé qué haces ni con quién estás o por dónde vives,
pero a mi alma le provocas palpitar y a mi gesto alegría;
no dejo en pausa tu búsqueda porque nada me cohíbes,
revisaré cada grano de arena por verte y por tu compañía.

Lo que me provocas es la armonía de descubrirte a mil,
descalabrar montañas francesas con mis pies descalzos;
seguirte en esta provocación infinita como un proyectil,
zarparte en mis pensamientos hasta donde yacen calzos.

Soy en estos momentos un precursor de tu estadía arcana,
medidor pasional que se reencuentra en la encarnación;
te persigo como un detective que se ha ido de la hilvana,
para acorralar tus estampas en la siguiente reencarnación.

Este no es un poema de amor, sino un amor de eternidad,
lo que me provocas más que una vida es un eterno amor;
y cuando te vi, me involucraste al dejar sola mi soledad,
corriendo mundos por ti, por guarecerme en tu esplendor.

3- <u>**TRABALENGUAS DE SENTIMIENTOS**</u>

Tú tienes un trabalenguas con mis sentimientos
y eso te hace única, por eso te prefiero a ti
y no a nadie más, nadie tiene acceso a mí como tú;
eres casi idéntica a mí, compartes conmigo
lo que nadie comparte, y eso a mí me basta también.

Este trabalenguas de sentimientos nos confunde,
pero es exactamente la mezcla tan perfecta de amar.
Yo no renuncio a tu integridad ni, aunque me despidas,
bordaré besos en la Luna si te ocurre olvidarme,
todo por tal de entrenarme en tu corazón como especial.

Traigo este trabalenguas de sentimientos por tu cuerpo,
repetido en tu voz como un tartamudo de expresiones,
porque así entiendo el idioma que me escuetas,
sobre todo, con tu presencia, que es mi tacón de Aquiles,
te has mudado a mis poros a hacer campañas publicitarias.

Trabalenguas de sentimientos que me gotea por la cueva,
donde resbalas hasta el interior de mis venas, y te quedas
como si fueses un componente de mi anatomía,
una parte de mí que no puedo ni rifar ni poner a la venta,
porque has comprado los reconcomios de mi existencia.

Y este trabalenguas de sentimientos lo hemos enredado,
no tanto como estamos nosotros dos, pero es inextricable.
Yo quiero posarme en la flor de tu Venus y escribir allí,
el mejor poema que escribió el pintor de rosas rociadas
y desenredar por fin, los sentimientos con un final feliz.

4- <u>BESOS EN STAND-BY</u>

Estoy en este aeropuerto que se llama Mi Vida,
esperando que me den el boleto de tus besos.

He tenido que salir urgentemente de viaje
para llegar a tu boca, donde no hay vuelo para mí.

Mis maletas están hechas por tal de sentirte besar,
aterrizar en tus labios después de un té con tu cuerpo,
en la pista de aterrizaje que me deje llegar
a la entrada principal de tu confort aterciopelado.

Besos en stanb-by que me hacen encandilar el sueño
del resto del universo, y sólo pensar en tus ósculos.

Los besos que no me has dado recorren mis cavidades,
se asilan en este aeropuerto que no me deja salir,
y tus besos desapercibidos de mis huesos sin carne
porque la tengo blandita y acorralada sin tu calor.

Dame esos besos que tienes en stand-by y no hallan sitio,
y mi boca será el preámbulo perfecto del acueducto,
donde destile el agua de tu interior amonestado por mí,
y finalmente me den ese boleto donde podré tocar tu piel,
la letra exacta del abecedario para hacerte sentir,
con estos besos en stand-by sin aterrizaje forzoso.

5- <u>LUNAS</u>

Tengo más lunas que el cosmos y sus miradas,
más cuartos menguantes y más lunas nuevas que el cielo;
tengo tantas lunas que me parece cuentos de hadas,
quiero ir a los aritos de las lunas a pescar con mi anzuelo.

Tengo miles de lunas en el pecaminoso alunizaje,
cráteres abiertos de par en par sobre mi corazón;
tengo estas lunas que me llenan de amor el equipaje,
y así parto hacia las crecientes lunas con mi inspiración.

Tengo centenares de lunas románticas y yo al descubierto,
domesticador de lo celeste en la ventura del fuego;
tengo lunas blancas en vez de negras, nada es incierto
cuando en mi mundo sideral, hay espacio en mi ruego.

6- <u>IMANES DEL AMOR</u>

Con mi boca en la cárcel de tus labios
iremos al juicio del amor,
y terminaremos los dos en la penitenciaría
que tal vez le den por llamarle Cama.
Y nuestros pechos erguidos se darán cuenta
que el corazón es más que el placer
y volveremos a ser insurrectos del amor bueno
y del que no existe ya.

Nacimos integrados el uno del otro,
no sé qué es estar sin tus abrazos;
me he convertido en aprendiz de tus caricias
y tú en una discípula de mis besos...
No soy de nadie si es que soy tuyo por alma,
encontraremos polaridades diferentes en otros
por eso nos atraemos tanto hasta con las bocas,
y nuestros labios que nos encarcelan
y la sentencia es de amarnos sin remedio.

7- <u>APRENDIZ DE UN BESO AL ALMA</u>

Sólo quería darte un beso,
enseñarte a crecer en mis labios.
Sí; mis labios de goma y calcio,
mis labios que sabían besar.

Aprendiz de un beso al alma,
es, en lo que me convertí;
después de besarte, después de ti,
tu beso es de fresa, no de chocolate.

Conciérneme en tu encrucijada,
en la virtuosa rampa de tus bembos;
ya por un beso han cambiado los tiempos,
ya por tu boca, mi alma es otra.

Aprendiz de un beso al alma,
cazaste mi inoportunidad;
creo que, en los besos, el amor está,
no supe que me enseñarías.

Soy ahora una partícula en tu vida,
aprendiz de un beso al alma;
con tu saliva me educaste la calma,
en tu regazo soy proyectil.

8- <u>ROBOT AMERICANO</u>

El robot americano se levanta
obvia los Buenos días...
Te dice: Voy a hacer esto y lo otro
como una metralleta,
que ni los mismos nativos lo hacen;
pero cuando las personas se siembran
en este país, se les olvida todo...
Y el robot americano empieza a funcionar
y ya no hay auroras ni crepúsculos,
sólo dólares y cuentas por pagar,
la humanidad fue a un campo minado,
se explotó la sensibilidad
y le circula por las venas en vez de sangre
aceite industrial...
Da pena vernos así
convertidos en robots y títeres,
escudriñados en la falsedad aparente,
disimulando una pasión eclesiástica
y una rutina abrumadora
que no sirve no más,
para morir engañados;
ni los mismos que hicieron la Constitución
pensaron en eso,
la felicidad es lo que les importaba
pero no convertirse
en robot americano,
simplemente disfrutar de la libertad,
no del egoísmo y la saturación de la abundancia,
el consumismo se ha hecho socio de la ignorancia...
El robot americano regresa a casa
y no da ni las Buenas noches.

9- <u>TE MULTIPLICAS CADA DÍA</u>

No te canses de mí que soy resistente,
me gusta saborearte segundo a segundo,
de mil maneras imaginarte,
saludarte desde aquí hasta allá...

Te multiplicas cada día,
te inventas cálculos algebraicos con tu Ser,
te sumas con besos,
me multiplicas contigo,
me enloquezco a tu lado
hasta aliviar esta sed con tu saliva.

Me enredadas en tus manos,
te duplicas en mi pecho enardecido
por lo que causas en mi amor.

Te multiplicas cada día,
veo el resultado en mi vida,
quiero perseguirte sin ser detective,
encaramarme en la Luna y vigilarte.

Te escondes y no te encuentro
y a veces cuando te encuentro,
no deseo irme de tu aura esplendorosa.

Te centuplicas en mis gustos,
que no hay nada mejor que estar contigo;
me entiendes,
me aproximas,
me calientas,
me desenfureces...

Te multiplicas cada día
y me trasteas las células a la víspera,
donde hay un reencuentro con tu piel,
con las emboscadas del refugio
de nuestros brazos.

10- <u>SI SIGO SIN TI</u>

Si sigo sin ti
en vez de escribir letras,
escribiré garabatos inconclusos
y más ahora que te he conocido
hasta tu más profunda piel.

Si sigo sin ti
te diré mi Pinochita Encantada
o mi Bella Durmiente despierta;
embalsamaré gaviotas en el píxel
donde toda imagen serás Tú.

Si sigo sin ti
la noche me lucirá como el día;
mientras trato de soñarte
y no me hables entonces de palabras
que estarían de más como dices tú.

Si sigo sin ti
que naciste en mi corazón,
no tendrá tantos disparates mi vida
como estos que cometo sin pecado,
ni se arreará un avión por un bulevar.

Si sigo sin ti
la metamorfosis de superación será nula;
condensadas las estrategias de ataques
se cocinará en Montserrat zanahorias
y esta soledad aguda me raptará.

Si sigo sin ti
protestaré a cada Dios la injusticia,
que me provoca amarte sin verte,
de escaparte contigo en mis tiempos
en las montañas de barros calcinados.

Si sigo sin ti
habrá guerra en España o en Singapur;
espectáculo moreno con andaluces,
mudaré la Luna de mi imaginación
y la someteré a mi locura por ti.

Si sigo sin ti
daré mil millones más por recubrirte;
más la suma continuada del resultado
con vía de flor para tu cuerpo,
con pasión para retraerte a mis brazos.

Si sigo sin ti
yo no seré de nadie si es que soy tuyo;
inflamaría navíos cargados de pueblos,
cualquier demencia por tenerte,
incurias prohibidas de balseros del porvenir.

Si sigo sin ti
alternaré con el manicomio la libélula,
y me asomaré a tu umbral para contemplarte,
indagaré como siempre en tu espacio
que no puede faltar en un poema.

Si sigo sin ti
Berlín será Somoza que nada tiene que ver;
y así será la bienvenida del Olvido
trocando todo por ti en mi interior,
buscándote errante y persistiendo por abrazarte.

11- <u>SOY UN COBARDE POR AMAR</u>

Y aunque desde muy joven aprendí
que a las mujeres y a los charcos
no hay que andarles con rodeos,
yo protesto de este dicharacho
y rectifico que por amar soy cobarde.

Nunca he sentido tanto la cobardía
como ahora, cuando amo a una mujer,
que en vez de verla como lo que es,
la admiro como una gaviota angelical
que vuela y vuela sobre las aguas de mi Ser;
que me da visa para escapar de mi mundo
y olvidarme que tengo una vida fuera de pensarla.

Soy un cobarde por amar, lo grito sí,
lo grito a los moribundos despechados,
a los criados de los desengaños,
a los malditos amoríos de otros;
lo grito otra vez, que soy un cobarde por amarla,
¡qué empujen la puerta de los endemoniados!
Que yo estaré esperando el amor,
ese amor del que me falta agallas
de anunciarlo por los siete mares...

Soy un cobarde que le espanta el miedo
del fantasma delicioso que lo persigue,
de la rutina de un celular sin sus mensajes;
pávido de este dolor que sabe a medicina,
a gruta de negocios sin propagandas.

Soy un cobarde por amar en esta época diluida,
ya desbaratada como la ciudad en que vivo;
porque vivir no sabe igual que sin amor.

Soy un cobarde que asume su cobardía por amar,
yo soy ese cobarde que muere y no adhiere;
no comenta, no quiere renunciar al silencio...
Pero en algún momento, el valor por amor,
aflorará a mi piel, y entonces, aullaré: ¡Eureka!

12- <u>EN LA ÓRBITA DE TU QUERER</u>

Tengo que inventarme algo nuevo para creer en mí,
no hay tal poeta sin Luna ni tal Luna sin poeta...
Una Luna sin ti es triste, pero contigo a mi lado, es un Sol.
Y si mis palabras se hicieran realidad,
mi realidad la regalaría a todos
los que quisiesen sentir como yo, este amor por ti.

Y así se admirarían los atardeceres coposos
y las embocadas matutinas
desde las ventanas de cada hogar;
yo recolectaría en la órbita de tu Querer
besos como pizcas de nieve, y remolachas
para combinarlas con el color de tus labios.

Soy tan imprudente como para decirte en la cara,
que el comentario del mundo me ha costado superarlo;
me sigue importando un rábano las opiniones
cuando de amar se trata,
porque los que hemos aprendido amar,
detectamos que estás en la órbita de tu Querer.

13- <u>CONVENCERME DE NO ESTAR CONTIGO</u>

Estoy tratando de convencerme
que no puedo estar contigo,
pero es como prohibirle al Sol
que alumbre cada día,
cómo decirles a los peces
que vivan sin agua.

Convencerme de no estar contigo
no lo entiendo, ni como delito ni pecado,
sólo lo siento como una forma
irresistible del alma,
como un pergamino que sin abrirlo
parece que lo abro con cada suspiro.

Es difícil convencerme de no estar contigo,
ni con predicciones astrales ni Bin Laden;
porque el peligro más latente
es llevarte de pasajera en mis pensamientos,
vencer en las disputas
por sólo saber que tú eres un triunfo.

No me convenceré de no estar contigo
porque sería fenecer en vida;
enterrar las emociones más iluminadas
y acarrear un dolor que mataría mi esencia,
por eso sí, me convenzo de que estaré contigo
y aunque no quieras, yo estaré.

14- <u>INSTANTE TAN SAGRADO DEL PLACER</u>

Yo encuentro en tus labios
el carmín con que me pintan ellos.

Tus pantalones son tan anchos
cuando le entran tus caderas.

Envuelvo mi sudor en tu piel
y te navego por mares de amor.

Eres tan exacta en mi presencia,
no careces de integridad fémina.

Hay alcaldías en tu ternura
y yo las transito con mi corazón.

Tus feromonas me apresan
y mis hormonas corren hacia a ti.

En tu cabello cuelgo mis dedos,
mientras el resto de mi cuerpo
se encarga de abrigarte.

No falta distancia entre los dos,
sabemos como acortarla siempre.

Tú entre mis brazos, yo en los tuyos,
de inmediato a tus pies,
protejo con mi espalda tus pasos.

Tus toques con aceite me excitan,
hay perfume en tu lengua al besarme.

Yo bailo entre rodillas como alpinista
que desciende montañas desheladas.

Nos queda mucho té todavía,
presiento Lunas llenas y viajes a Paris.

Cupido sigue siendo mi ídolo
y el Guillermo Tell de mi alma.

Yo abro espacio en mi pecho
y sé darles visa a tus pezones desnudos.

Acampas en mis campos adúlteros,
te entregas como diosa al paraíso,
al plano de las caricias por pasión,
al instante tan sagrado del placer.

15- <u>EN LA EXISTENCIA DE UNA MUJER</u>

Me has dicho que no puede faltar un poeta
en la existencia de una mujer;
pero dirás que, para llegar a amar como profeta,
no todos pueden ser bardos ni pretenderlo ser.

Me has dicho que no puede faltar un poema
en la existencia de una mujer;
pero hay hombres buenos con el sistema
de regalarte un libro de poesías, para que puedas leer.

Me has dicho que no puede faltar mi pluma
en la existencia de una mujer;
ahora que codicias mi cuerpo y en la bruma,
me haces sentir que egoísta he de parecer.

Ahora soy yo el que te digo Mujer
que en tu existencia hay miniaturas poéticas;
extractos de mis manos para adornarte con placer
pero no me enmarques, en situaciones antitéticas.

Yo soy más que un verso, soy más que eso
y en la existencia de una mujer,
deposito mi corazón con el sello de un beso
y quiero quedarme con ella, hasta de amor desfallecer.

16- <u>NO ME ESPERES MÁS</u>

No me esperes más que siempre estoy contigo,
aquí detrás de tu puerta, delante de tus brazos;
no me esperes cuando sabes que vives conmigo,
hasta en mis amarres de corbatas haces los lazos.

No me esperes más ripiándome en tu pensamiento,
no necesitas buscarme cuando soy tus neuronas;
soy el estacionamiento intacto de cada movimiento
y el choque esporádico que ocurre en todas tus zonas.

No me esperes más ni para cenar a cualquier hora,
ese vino destápalo y brinda por los dos sin atrición;
conduce mi compañía desde el crepúsculo a la aurora,
duerme y amanece húmeda de mi piel por fricción.

No me esperes más para salir con nadie que no quieras,
mi espectro te clonará con la exaltación requerida;
viajaré por tus venas por los otoños y primaveras,
alineado con la simbiosis de mi cariño y tu vida.

No me esperes más que ya sabes cuánto te llevo,
inamovible en tu espacio, resistente en tu ánimo;
en la palma de tus manos como haz de luz me elevo,
y ya que lo sabes todo, también te espero sin desánimo.

17- <u>EL PRECIO DEL AMOR</u>

Cuando se ama se paga un precio,
el precio que no te deja pagar por otra cosa;
el deseo sentimental o carnal sin desprecio,
es al final el sentir de una sensación maravillosa.

Y entre el pago del amor y las ganas de querer,
hay una persona muy especial que nos levita;
sobre todo, cuando se aprende sin nada pretender,
en ese universo en que cada partícula es bonita.

El precio del amor es variable con cada cual,
unos entregan lo que otros no saben y mueren por amar;
mientras se va a sufragando la pesquisa del ser especial,
el importe sólo se llegaría por amor a sufragar.

18- <u>CUANDO TE MIRO SIN PIEL</u>

Cuando te miro sin piel
no significa verte sin la epidermis,
sino verte como eres por dentro,
cómo es tu alma.

Yo te recorro por cada laberinto de pasiones
que te acompañan y es increíble
cómo me deleito con tu dulzura;
y me das ese combustible armónico de tu esencia,
de los lazos que unen a dos seres
que buscan integridad en uno mismo.

Cuando te miro sin piel
es como sentirme que estoy en energía pura;
penitencia por vivir en carne habiendo vías espirituales
que se asemejan a dioses,
a áreas que necesitan el hermanamiento del amor.

Cuando te miro sin piel
es un excitar desmedido que me erecta la humanidad;
me descuenta el cheque de los bloqueos químicos,
me hace emigrar a tu cuerpo buscando tu Ser
y allí quiero quedarme recóndito.

Cuando te miro sin piel
pasas por mí destilando pasiones vehementes,
para cubrirte con mi aura que te venera,
que te posee sin que me dejes de desapercibir;
mientras me encargo de andar desnudo
tan sin piel como tú, tan atiborrado por verte a ti
desde tu más profundo pedacito,
de donde comienzo a vivir por tu esencia.

19- <u>ME QUIERES ROBAR TODO</u>

Estoy andando descalzo del alma,
inválido de los pasos sobre mi vida;
tú me quieres robar todo hasta la calma,
tú me quieres dejar sin corazón ni herida.

Te has llevado las llaves del coche de mi Sentir,
sólo pienso en qué será lo próximo que me robarás;
voy a tener que irme a las calles a pedir
un cuerpo con casa, porque conmigo acabarás.

Me sigues robando itinerarios con tus planes,
mis sueños felices ahora los cumples tú;
me quieres robar hasta las ganas en otros clanes
donde quizás, encuentre la respuesta en un Gurú.

Me quieres robar la camisa de mis instantes,
correr con todo lo que soy hasta guardarlo en ti;
me robas tesoros que he hallado con instintos bergantes,
comitivas que no me has desenvuelto a mí.

Quieres robarme todo lo que te he dado para amarte
y te has parapetado en mi amor y así me esfumaste;
hoy parezco el mismo don Nadie sin obra de arte,
porque me has robado todo y nada de mí, desperdiciaste.

20- <u>POEMA CON TERNURA</u>

Les robaría a tus ojos
el azul de sus océanos.
Equinoccial sentido de ti,
entiendo de los ópalos
el brillo de tu semblante.
Camino en puntita de pie
por el espacio horizontal
que me corteja tu luz.
Eres primordial en mi Ser,
atmósfera sideral y mía;
plantas, creces, me das,
inviertes en mis pupilas
y comienzas a recorrerme.
Concierto amazónico total
en mi cintura caribeña;
compás de Luna eclipsada,
posterioridad de tu beso útil.
Contigo escapa la invasión,
el gato cósmico del lucero;
en un abrazo tuyo recito yo.
Meteoro que cae en mi cama,
desnuda piel que me corea
y cantas, latidos precordiales
hasta la levitación de tu amor.
Yago con tus roces afrodisíacos,
menguante de mis idilios,
sólo quedas tú en mi ternura.
No hay desilusión de alma,
tampoco retratos viejos
donde aparecen sueños ajenos.
Soy portátil por tu boca púrpura.
Me retozas con tu perfume
y me destierras hasta tu glúteo,
do en una caverna te porto.

21- <u>ME ATASTE EL CORAZÓN</u>

Tiraste el lazo y enlazaste a un ventrículo de mi corazón,
de ahí te colgaste y le sacaste tarjera amarilla a mi cariño;
así es como me llevas atado como un inservible bribón
y después de amarte, me encanta hacerte el amor sin riño.

Me ataste el corazón para llevarme del cabestro a tu boca,
mutilar mis esperanzas cargando tu trampa encerada;
volcanes hay en la atmósfera de tu atadura como una roca,
tan llena de fuerza me das la vida completamente atada.

Eres un Sol que me eclipsas la Luna en cada primavera,
cabalgas enredada en mi corazón alpinista por tu fuego;
se ha roto mi cuello por enlazarme con tu enredadera,
atándome a tu corazón, convirtiéndome hasta en tu ego.

22- <u>LA PRIMERA VEZ EN TU CUERPO</u>

Todos hablan de su primera vez, y luego
se olvidan de que vendrán otras primeras veces,
si esa primera vez, no fue para siempre...
Y así vendrán otras primeras veces
como esta primera vez en tu cuerpo,
donde estoy yo, caminando sobre ti.

El cuerpo que es el estuche del alma,
donde se arreglan los desengaños, el rencor
y las desavenencias del sentir...
Aquí, te consigo hechizar con mi hipnosis,
te llevo al clímax máximo de la pasión;
regreso por cada una de tus cuadras,
adhiero mi cara en tu acera escultural
y en cada esquina de tu anatomía,
le pido la bendición al Papa.

La primera vez en tu cuerpo
es virginal para mi sexo, para mi Ser,
nadie entiende, ¿cómo es amar diferente?
¿Cómo es extinguirse de todo y recomenzar?
En tu sumo hay extracto natural,
venganza de otros cuerpos de veces pasadas.

Ingreso a la cobija de la noche en tu piel,
no importa la mañana del día
ni siquiera la tarde de domingo;
entre tu carne y la mía entran serpientes,
coloquios gemidos y fuego de otoño.

La primera vez en tu cuerpo
me avispó la ciudad de tus senos;
encandilan tus ojos en la intimidad tan nuestra,
compitiendo con los besos mutuos

y el retozo que se llama hacer el amor,
con el cuño dialéctico de que siente el querer.

En el siglo de tus lunares sensuales,
viajo en la máquina del tiempo uno por uno;
descubriendo a las Islas Vírgenes nuevamente,
planicies afrodisíacas y sabor a hembra.

La primera vez en tu cuerpo
regala tanta virginidad y tanto Alzheimer;
que después de metamorfosear contigo,
no recuerdo nada más que tu sangre
circulando por mis venas.

La primera vez en tu cuerpo
es el despertar de una nueva aurora;
la repetición retrógrada de un estreno en cero.

Ya estoy aquí, encerrado en ti,
amaneciendo y anocheciendo en tus entrañas,
soltando pajarillos azules en tu interior,
acumulando sombras de boletos sobre tu piel,
asegurando un regreso eterno a tu vida;
comulgarme en tu deseo para estar
no solamente contigo, sino para vivir a tu lado.

La primera vez en tu cuerpo
rastrea cada centímetro de posibilidad,
de bumerán gobernando el silencio
y perpetuarse pegando poros con poros
y fundiendo ambos cuerpos;
y que se inicie en cada ocasión
la misma primera vez, con nuestro amor.

23- <u>GRACIAS AMOR POR EXISTIR</u>

Tengo que lidiar con mi respiración,
mover cada una de mis articulaciones sin ti;
convencerme que estás palpitando en mi corazón,
amanecer soñando que contigo soy o fui.

Y mis años me empiezan a pesar,
tú traes la fuerza del despertar de una libélula;
y es completamente entendible que quieras volar,
mientras se va gastando mi vida hasta la última célula.

Pero, aun así, gracias, Amor por existir,
gracias por hallarme con descanso en tu larga carrera;
de beberte el agua de mi experiencia y ser tu elixir,
para que poco a poco, vaya resplandeciendo tu primavera.

24- <u>SI HAY GUERRA QUE SEA POR AMOR</u>

Si vas a hacer guerra que sea por amor,
lucha por amor, convence y siente por amor.
No dejes caer tus sentimientos en la trinchera
donde caen todos los malhumorados.

Dispara tu fuego directo al corazón bienquisto,
vence las riendas de tu conquista y entrégate;
amar es el mejor motivo de hacer guerra,
guerra buscando lo que sientes en tu tiro al blanco,
que si hay guerra que sea por amor,
invasión de besos furtivos, toques inapropiados;
pero lucha por amor, vence por amor,
sigue perennemente venciendo con la acción
que ejerce el verbo amar, y toca el alma anhelada.
Con amor puedes lograrlo y alcanzar un alto rango;
una vez que hayas llegado a la médula de tu sentir.

Si vas a hacer guerra que sea por amor,
batallas que atraen cuerpos diferentes amando;
edades que no importan mientras haya cariño.
Si hay guerra que sea por amor,
bombardeos de flores, poemas y baladas románticas,
no desespero ni ambiciones por matar,
es amar con amor, al ser deseado en el corazón.

Con paciencia la guerra se extermina y crece el apego,
se refugia debajo de la piel cuando florece;
es una beligerancia encargada de alimentarnos el amor,
lo que te hace perseguir con pasión,
indagar en las entrañas quién es el guardián de tu Ser.

Si vas a hacer guerra hazla por amor,
triunfa con tu metralleta de emociones por amar,
y así en plena conflagración, reyerta, persuade,
sé digno de triunfar en el campo de batalla de tu amor,
no desvanezcas la paz por otro tipo de guerra,
pero si vas a guerrear, que sea con la lanza
del verbo amar, con el cañonazo del amor.

25- <u>NO PUEDO ESPERAR TANTO DE ELLA</u>

No puedo esperar tanto de ella,
es suficiente conque exista.
Le da musa a mi carne,
bella mujer con talladas ancestrales,
coquetea conmigo sin saberlo.
A bordo de su piel ando yo,
en esa piel trigueña que inspira,
esos sueños reprochados que avivan.
No puedo esperar tanto de ella
sino conoce los pasos del amor,
por eso tropieza y yo la dejo,
no puedo levantarla porque fracasa.
Ella sospecha, ella quiere y no,
es una hélice de remordimientos
porque le palpita amar y no entiende.
Ella quiere ser libre, volar y no puede,
todavía le falta calles por transitar,
interludios pacientes de cariño.
No puedo esperar tanto de ella,
sus ojos brunos me fusilan,
es un roce que levanta mi silencio,
deseo desaparecer en su peso,
revolcarme en corales negros
e hincarme con algas en el fondo del mar.
Tolero su vida, la resumo en mi tiempo,
su cuerpito de sirena luce flagelado,
me duele hasta tocarla con un beso.
Es frágil, hay que aprender a tratarla.
Es pura como la Virgen del Firmamento,
y aun así, no debo esperar por ella,
se bate con la incertidumbre,
hace fuego de mi existencia por ineptitud.
No puedo esperar tanto de ella,
total, si ya la amo...

26- <u>EXISTIÓ UN POETA EN TU VIDA</u>

Algún día valorarás una carta de amor,
el sentimiento de un poema para ti;
inclusive, la mancha en tu diario de una flor,
y en otra libreta ajena, tus labios plasmados en carmesí.

Algún día recordarás que hubo romance
entre dos seres que se conocieron por destino;
y el dibujo imaginario de alguien, puede que te alcance
o una voz en un restaurante, interrumpirá tu vino.

Algún día puede ser tan lejano o tan tarde,
un día que las emociones te exporten reproches;
tú mirarás a través de la ausencia cobarde
de ese hombre que, en tu vida, te robó algunas noches.

Algún día que descubras que el secreto era cierto,
que en silencio y en poesías, te dijeron que te amaban;
ya para ese entonces, el poeta totalmente muerto,
tú lo resucites, con lágrimas que antes no te saltaban.

Algún día te enterarás de que hubo un bardo en tu vida,
un trovador que era de carne y huesos mientras te amó;
y tal vez al descubrirlo te provoque rabia y casi herida,
susurres para ti que existió un poeta en tu vida... ¡y fui yo!

27- <u>TAN TÚ, TAN YO, SOMOS UNO</u>

Empapa de amor tu vida,
tu vida ya senil de desamor...
Juntemos los puntos equis
con el número uno del sentir,
volemos y soñemos con nosotros
tan tú, tan yo, somos uno.

Nosotros mismos los dueños
de esta pasión que nos alebresta;
esta paz recopilada en el tiempo
calma de manatíes imperiales,
tormentas sosegadas en los pechos,
captura inmediata del Sol,
tan tú, tan yo, somos uno.

Un principio sin final establecido,
barca y timonel los dos,
mercado de locomoción mutua,
ascendencia de impactos casuales,
doctrina para querernos más
porque simplemente somos
tan tú, tan yo, somos uno.

28- <u>CUANDO A TI NO TE IMPORTA OLVIDARME</u>

Yo sé que enamorarse es malo cuando no se debe,
pero, yo me enamoré de ti, desde la primera vez;
porque inconscientemente hay sed, y uno va y se bebe
tu esencia pulcra sin temer, qué pasará después.

Pero a ti, no te importa olvidarme ahora, si no lo sientes,
es fácil el juego secular de cualquiera que te tropiezas;
en fin, las calles están llenas de esos que les mientes,
y yo, sin embargo, tuve que creerme tus falsas promesas.

Hoy anda mi hígado revuelto sin ti, sin tus mensajes,
concedo entrevistas a los bancos vacíos del parque;
tus fotos recorren el cielo cibernético y hay ultrajes,
siento culpabilidad de esta historia sin remarque.

Cuando a ti, no te importa olvidarme, muere el universo,
tengo que cargar con mi entorno afligido y no ver caras;
tu rostro era tan tuyo como mío, y lo simple de mi verso,
se transmutó en tristeza alterna, con el dolor en aras.

Sé que tengo fuerzas y soy fuerte de espíritu y amor,
a ti, no te importa olvidarme y está bien, tienes derecho;
aunque yo, no tuve el mismo, al hacer el oso en tu candor,
pudo ser por castigo o agonía, pero no hubo trato hecho.

Y continúo mirándote en la Nada y apareces detrás,
me sustituyes la respiración y pinto monedas al viento;
cuando a ti, no te importa olvidarme y enviarme al Jamás,
donde la ternura de tu vida habita en mi sentimiento.

29- <u>REFERÉNDUM A LOS AMIGOS</u>

Amigos, porque no me acuerde de sus cumpleaños o no les diga de vez en cuando cuánto los aprecio, no quiere decir que no estén en mi corazón.

Amigo o amiga, cualesquiera que seas, las ocupaciones rutinarias no me permiten aclarar la mente, y la reacción del cansancio a veces no me deja expresar lo que significan para mí.

Pero aquí estoy, votando por ustedes, por decir lo bien que me siento al tenerlos conmigo, alabando sus triunfos, llorando por sus malas situaciones y esporádicas desilusiones.

Un amigo para mí es más que un ser conocido o alguien que se ha cruzado pocas veces en mi camino; un amigo es un ser sagrado que debe todo mi respeto, sobre todo, si son coadjutores de nuestras vidas, que saben estar a nuestro lado a pesar de la lejanía y a pesar, de nuestro descuido subconsciente.

Por un amigo yo dejo pegada mi alma por reconectarme con su estado anímico, por tal, de la unión de este ser que desinteresadamente, sólo exige tu amistad, que, a la vez, es Humanidad.

30- <u>DESCIFRA EL DICCIONARIO DE MIS BESOS</u>

Aunque suene cursi, mis besos tienen un lenguaje,
mi lengua es el puntero que te enseña a leer el recorrido;
cuando tus labios tocan a los míos empieza el viaje,
con la clase que va repasando lo antes aprendido.

Descifra el diccionario de mis besos ahora que los sientes,
en ellos hay cátedras de Historia, Anatomía y Química;
en mis palabras fluidas sale amor, y hallarás cimientes,
condiciones lingüísticas que tienen su propia mímica.

Interpreta el catálogo de mis besuqueos con tu boca rosa,
Allí, donde libo tu néctar contemporáneo a mi gusto;
yo reconozco que al besarte el dialecto sale en prosa,
y fomenta un manantial de espuma, y te eriza el busto.

Penetra en el repertorio de mis caricias a contrapelo,
bucea con señales de humo en cada partícula de mi boca;
y, que reme también tu lengua en el mar de mi anhelo,
que yo dejaré que naufragues, en mi asignatura tan loca.

Descifra el diccionario de mis besos y yo el tuyo,
porque cada paso que des con tu boca lo seguiré;
y junto a nuestros deleites, el intercambio será un capullo,
que abrirá el aprendizaje de cómo me besaste y te besé.

31- <u>YA NO QUEDA NADA DE TI</u>

Gruñón empalagoso que aúlla en los tejados como gato encelo. Un cuadro sin pintar es ya tu cara. Sarampión inerte que no convence a la penicilina. Roca calcinada. Incautación griega que sale a flor de piel. Tu mirada ha roto el espejo, con la ironía al verte diferente. Estás muerto, lo sabes. Añil putrefacto. Has desandado el universo de tus sueños. Has llegado. Te has ido. Ya no queda nada de ti.

La sed del cansancio ha revocado tu infelicidad. Devuelve tu salvación. Cava en tu tumba que alambica tu esencia. Conversa con la vertebral de tus caprichos. Sé tú. Involuntariamente resuelve un crucigrama que te dé paso al deseo de resucitar. Pero es que ya no queda nada de ti.

Ciñe el suspiro anémico en la constelación de ruegos más cercana. Avanza. Retrocede. Cavila en la humedad de tu desvelo. Galopa en tu prado de ilusiones nuevamente. Reinvéntate. Yace en la esperanza, aniquila el viento. Nace en la noche. Allá está. Reclama tu parte al verso. Recupérate. Te necesito. Ya no queda nada de ti, sólo la sombra de un poeta que existió en el exilio de un puente imaginario. Avasallador el tiempo. Comienzo y final. Espera que no sabe qué esperar. Aquí acaba esta historia. Aquí acabo yo...

32- <u>TÚ ME CURAS</u>

Cuando tu mano llegó a mi corazón,
tu toque fue como una medicina;
yo perdí mis dudas y en ti hallé la razón,
porque tú tienes el efecto de la penicilina.

Tú me curas con un beso matutino,
con balanceo de carbohidratos en tu boca;
hay que pasar varias escuelas del destino
para darse cuenta de que tu antibiótico provoca.

 Tú me curas con un encuentro y sin pastillas,
me desorbitas con la melaza de tu candor;
controlas mis electrólitos con tus pantorrillas
y me sumerges en el bacilo del amor.

Cuando cantas también me curas,
me internas en tus entrañas sin medicamento;
mientras cortas la cinta e inauguras
esta cirugía del alma, con tu mejor instrumento.

Y así me curas con tu presencia de mujer,
con tu perfume de bálsamo para cicatrices;
tengo que enfermarme si contigo he de perder,
el desamparo de tu sueño en mis matices.

33- <u>ERES MÁXIMA EN MÍ</u>

Ensimismada sobre el cadáver de mis substancias,
donde le entra el agua al coco después por la raíz;
el Adagio que expresas en el desatino de las ansias,
cuando tu exceso de velocidad se bebe a mi país.

Camelada, austral para el erecto de un masculino febril;
desenvolviste cerúleos a mi ira en un vagón de sueños;
y en tu escueta amplitud rompiste rieles de ferrocarril,
para traspasar el umbral de mi pecho con tus empeños.

Eres máxima en mí, mía, novela sin escribir por Romeo,
cazuela que entrega el caldo que me da tu remedio labial;
aunque sin verte, tus labios se aproximan y así los veo,
sintiendo como me muerdes fuertemente, toda pasional.

No enfurezcas más mis días, regresa a la calma que doy,
allí hay alimento cabal que te integra a mi cuerpo tuyo;
ya eres máxima en mí, pedazo de mis fibras de cowboy,
melodía de muelles que precisan el compás de tu arrullo.

Cánsame con tu aforismo, con tu axioma tan del lenguaje,
poema de mujer para que, en ti lo haga un hombre tan Yo;
porque siendo la máxima en mí, pagaré el curso del peaje,
nivelando al feligrés sentimiento que a mi Ser maximizó.

34- <u>QUIERO SER DE ELLA</u>

Quiero ser el digital de su huella,
la marca de un jean equis que use;
quiero ser de ella,
en mi asistencia se luce.

Quiero hallar una conversación,
que tengamos un tema en común;
donde ella ponga atención,
donde me sienta enamorarme aún.

Quiero que ella piense y yo no,
convertirme en un ignorante;
alucinar con lo que soñó,
borrar el pasado en un instante.

Quiero ser de ella,
entregármele como no lo hice antes;
volver a personificar una estrella,
verla entre piezas de diamantes.

Quiero ser de alguien alguna vez,
por eso quiero ser de ella;
voltear todas las palabras al revés,
decir simplemente, ¡qué es tan bella!

35- <u>NOCHE DE SÁBADO</u>

Es noche de sábado,
aquí estoy solo,
en esta inmensidad ubicua,
con el acompañamiento de mi copa repleta
y ahogadamente de vino blanco,
en mi mansión tan grande
que cabe únicamente la luna.
El estruendo del silencio me retoma;
nadie me habla porque no hay nadie.
Yo sigo buscándola en mi portafolio,
donde los sentimientos los pongo a dormir.
Y así organizándome en la soledad,
me veo patroneando su espacio,
las huellas por donde camina su luz,
en el mercurio cromo de mi gnosis.

Es noche de sábado,
la carretera de la vida está encharcada
por mi sudor perezoso de vivir...
Ella me pone grilletes en el pensamiento,
trato de huir y vuelvo a estar solo.

Es noche de sábado
donde está supuesta la gente a salir,
a liberarse con el alcohol y las drogas,
en un Motel o un accidente trágico;
pero aquí estoy yo nuevamente,
encarcelado, sin buscarla,
y el minutero dice tic tac burlonamente.
Hay una gotera en mi techo de lujo
y esa es su esencia la que me empapa.
Sigo solo, solo como nunca en esta mansión;
un poeta triste no vale para nada...

¡Es noche de sábado!
Me acaba de gritar un amigo por teléfono;
el muy malandro me utiliza para ligar,
 y le dije:
"No me hacen falta putas para sustituirla.
Búscate la tuya propia, idiota..."
Pero, después me arrepiento de mi amigo,
de mi hermano de corazón.
¡Qué descortesía le hago a la vida por ella!

Es noche de sábado,
y no avanzo con este desvarío,
con este amor empantanado en la Nada.
El vino blanco me mira,
la copa me dispara un verso pervertido
y la olla suena de tanto vapor,
que está evaporando
hasta la última gota de agua,
y aun sin poner los espaguetis de mi cena.

Es noche de sábado y lo sé,
mi noche favorita,
pero es la noche de un sábado solitario,
de otro fin de semana, de estar sin ella.

36- <u>ANTES DE BAÑARME SIN TI</u>

Antes de bañarme sin ti, cuelgo mi pensamiento en el umbral de la imaginación. Tengo que dejarte fuera de mi desnudez. Eres un roce escalofriante en mi cuerpo, que me recorre los poros saltando como pelotita de ping-pong diluida. Entumes mis manos. Quiero perseguirte con el agua que cae de la irrigación, y te encuentro enjabonándome la vida.

Antes de bañarme sin ti, tengo la precaución de no verte detrás de mis ojos, porque puede que ocurra un asalto entre mi Yo interior y el calvario de tu ausente respeto. Así puedo divagar en tus entrañas, sin bañarme en un estado de ternura, sólido de aberraciones sentimentales, de promesas de hombre romántico, de ser delicado, de astucia sincera.

Antes de bañarme sin ti, prendo la radio y escucho noticias horrorosas para espantar el espasmo, que pueda causar tu incidencia en mis bolsillos al descubierto. No hay que provocar el instinto de un versado al aire, a través de tus magistrales siluetas, de tu escultura de guitarra bien afinada, de tu voz acaramelada, de tu voz sensual. Quiero enjuagarme con la ropa aún puesta, aunque de soñar tanto, te tengo delante, y yo desnudo.

37- <u>AÚN QUEDO YO, DESPUÉS DE MÍ MISMO</u>

En tu prosa soy un rehén
y en tus brazos, una miniatura.
A lo mejor soy tan mío que no soy tuyo...
No me alcanza todas las páginas Web
ni los billones de celulares,
ni los medios de comunicación masiva
para comunicarte que, aún quedo yo,
después de mí mismo.
Tengo un nuevo corte de pelo,
una fotografía en Senegal,
un disco nuevo de un grupo desconocido
y ando buscando novias que les pertenecen a otros.
Y sigo así, quedándome en mí mismo,
sondeando en el fondo de las cosas halladas.
Hay mares en los avíos del centenario,
para encaramarme en tus senos
y gozar la fiesta de tus pezones seductores.
Aún quedo yo, después de mí mismo,
si es que contigo no estoy pensando que sí,
quedando en tus rodillas transitadas
por el mundo entero, menos por mis manos.
Todavía espanto, fantasmas celosos,
hombres armados de agravios,
persuasiones negras de blancos amoríos rotos.
Yo he sido todo, yo no tengo nada por ti,
ahora existo, quedando en mí mismo,
aún después de haberte repartido entre mi carne,
haberte sugerido a los leucocitos de mi sangre.
Aún quedo yo, después de ti misma,
que te has atrincherado en mí mismo.
Y ahora totalmente confundido;
¿no sé quién soy yo?
¡Si tú eres yo o yo soy tú!

38- <u>EL AMOR HECHO POR TI</u>

Con sabor a tiramisú salgo de tu vientre,
modelo en mis ojos, son tus ojos cafeteados;
 el amor bien hecho parece ternura de siempre,
y este amor hecho por ti, es de afortunados.

Encuentro tardes veraniegas de Europa
en tus toques cálidos, a mi torso al revés;
decidí al pasar por tu puerta quemar mi ropa,
he convertido en mi mirada tu propia tez.

 El amor hecho por ti, canturrea loas griegas,
plantas que arraiga en mis suelas tu orgasmo;
y este amor hecho por ti, en tardes veraniegas,
que ya no son tan europeas, ¡ya son mi espasmo!

Tiene un punto sin final hacerte el amor,
un movimiento que encarcela la vida en mí;
terciopelo de tu piel que me da lujo, y eres una flor
que destilas exacta el aroma, del amor hecho por ti.

 No me convenzo que te dejo después de amarte,
es imposible no repetir tu éxtasis interiormente;
hay en ti arte, hay arte, hay arte, eres amor y arte;
tienes una pluma en ti, mi amor especialmente.

 No hay acabado como el amor hecho por tu Ser,
 por el engendro afrodisíaco de tus manos;
esculpes y entumeces lo que es mi gran placer,
luego del amor hecho por ti, no quedan deseos enanos.

39- <u>NO QUIERO IR A TU CAMA A DORMIR</u>

No quiero ir a tu cama a dormir
sería como despertar mariposas;
el sueño a tu lado es compartir
las horas con hazañas gloriosas.

Deseo yacer en ese tálamo febril
donde alojas tu cosecha residual;
y entre el acercamiento esmeril
 acoplaremos nuestra favila dual.

No puedo depositar mi cuerpo así
donde fermente alimento y vegete;
aspiro gastar mi energía sobre ti
en la litera que me da tu banquete.

Si consumo el descanso contigo
es absurdo y un error imperdonable;
prefiero inventarte en tu ombligo
un gran manantial de agua potable.

Yo haría cualquier cosa en tu lecho
por tal de no dormirme y enredarme,
en tus hidras carnales en mi pecho
y bestialmente logres amordazarme.

40- <u>ANDUVE DESCALZO POR TU TIERRA</u>

Caminé vagabundeando sobre tu corteza terrestre,
el manto superior de tus faciales me hablaba de ti;
hundiéndome en tu légamo, vi arriba un extraterrestre
y buscándote el centro y eje, los ojos más los abrí.

Sumergiéndome en tu manto inferior penetré a tu luz,
tenías una estructura geológica y perfumada de olivo;
a tu núcleo externo no le faltaba nada y yo era un andaluz
que desandaba tu intimidad, como un acreedor sin recibo.

Y en tu núcleo interior obtuve muchos minerales y oro,
conocí tus entrañas y anduve descalzo por tu tierra;
tu tierra que es un planeta que me ha donado un tesoro,
es la masa total del universo y si quiere, me destierra.

41- <u>EL SÍMBOLO DEL POETA</u>

Es la estructura de una amnesia prematura en su ánimo,
un aforismo recto que preña la directriz del contrapunto,
un sendero sin filología que crece y alebresta el cenit,
lectura de escarabajos y señores ambulantes por calles,
es el resumen del símbolo del Poeta, de su locomoción,
del dardo azucarado que envenena la pasión sensoria,
la cuesta arriba de los arcanos del sifón que se aniquilan,
enredadera poliéster con inmersión de alguna caterva,
planeta dislocado en el cerebro que baraje la sensibilidad,
una tilde sin fundirse en la astronomía y la paz del astro;
símbolo del Poeta y búsqueda en el Sol gris de gladiolos,
del faisán endorsado y de castaño oscuro en los ojos.

Carga de violines e Islas ásperas de escritores ancestrales,
versátil mar, arenas de playas contorneadas en la mirada,
mil cocoteros alegres en la línea divisoria del horizonte
de cada libreta que se entinta con poesía trivial y argüida;
el símbolo del Poeta es éste, crisantemos humeantes,
acabados de sacar de la pluma con tinta ardiente y rojos,
recorrido de mozas liberales en el torso del amor único;
refresca el manantial de las cigüeñas allí, en el macizo,
en los crepusculares alaridos del retoño azul del Porvenir.

Siniestros son los tiempos del Escudero y la Dulcinea,
esmalte trotón o mayólica pulida por la vida de un Poeta,
ingenio de mariposas y cuentos de hadas, ortigas solas,
calvario en el retornar de las estrellas creídas, y el delta
de ese río con devaneos que apacigua la libertad de ver,
de transmutarse en sal tanto de día o noche con magia.

Es simbólica y poética la narración del bardo en eco,
que emerge siglos de lagrimeos espontáneos en su carta,
y soledades infructuosas y aventuras insolubles dice ya,
cariños que se miman en la palma de una mujer febril,

engendro peregrino que ha vaciado universos por tolerar,
Cantares de Adanes furtivos y David de Goliat cautivo,
fuego en la pasarela de un Montecristi sutil a contraluz;
el símbolo del Poeta recolectado y astillado en vivir vive,
en la médula de un pergamino que aún no dicta sentencia.

Lleva insurrección de promesas y vendetta a quemarropa,
siente el colmenar de la ternura incásica o aeropuerto fiel,
algas marinas embrolladas en la Luna del poema ansiado,
coeficientes latosos y abreviaturas de la sociedad truhana,
cuando un mundo es parte de la dinastía pueril del Zar,
del símbolo del Poeta trazado y aguerrido por intervenir,
del cuño de la Creación y el gimnasio mental de ser tal,
de esculpir flores, membresías faciales del libro y crear.

Un Poeta es un símbolo, es un símbolo un Poeta a granel,
tan espeso en sus coyunturas que no sabe de su primor,
tan ligero de equipaje que llega al centro de la Tierra,
toca y busca fondo, eleva la cometa Musa y se aparta,
se entierra ensimismo y se excomulga después al verso,
y tiene resurrección en metáforas y paneles de símiles;
persuade la situación moral de existir en pirámides necias,
de reconocer escapularios y delfines del entorno vivido.

Protege el símbolo del Poeta. Un Dios adiestrado y suyo,
relaja la capacidad de sabiduría inmortal en la prosa sur;
recopila su esencia y abrupta su tecnología con él mismo,
y hace su estudio imaginario y sonríe en la brisa temporal
adoptada por la lluvia, por la nieve que se espesa al caer.

Y vuelve una islilla de tesoros escondidos a aflorar luz,
navegantes de muros inciertos y de laberintos insulsos,
memorias de viejos mercantes al brocal de una carabela,
festín de bucaneros ensordecidos con pirañas moleculares,
ruegos a vírgenes y galopes de esmeraldas por soñar así.

Hay símbolo del Poeta, del gran trovador congénito, loco,
del dirigente de su destino sin lugar de llegada ni partida,
ni punto exacto de ida y vuelta, en las páginas delegadas;
tiene un símbolo el Poeta, el siniestro aquel que dispone,
que oculta si tiene que decir y entrega si no tiene que dar,
pero es Él, el menester de puentes y albedríos del antojo,
es el símbolo, el que gusta o disgusta, pero él sabe eludir,
sabe reír, aunque parece que llora cuando habla sin voz.

42- <u>YA NO EXISTO EN TI</u>

Ya no existo, me olvidaste,
me perdí en tus sueños un día;
de promesas me preñaste,
simplemente, tu amor existía.

Ya no existo, me has abandonado,
me falta mi piel y todo el herraje;
nadie del Olvido ha regresado
y menos un iluso del alunizaje.

Ya no existo, me llevaste contigo
pero lo peor es, que no me sientes;
y tampoco estoy conmigo,
somos dos seres irreverentes.

Ya no existo, vivir me prohibiste,
robaste en vano mi cariño;
me entregaste lo que ya no existe,
estoy huérfano como un niño.

Ya no existo, pasó mi primavera,
en ti no hay ni cenizas de mí;
ni un ocasional recuerdo siquiera,
ya no existo en ti...

43- <u>HAY QUE SER HEMBRA COMO TÚ</u>

Hay que ser hembra como tú para ganarle a mi corazón,
sentarse a la mesa de mi delirio y arrebatarle el manjar;
buscar intimidad donde otras tratan y no hallan la sazón,
porque a mí para amarme, hay que saber realmente amar.

Hay que ser hembra como tú y lanzarse al vacío insípido,
donde atesoro misterios de hombre brioso y fraccionario;
eres mujer sol que exacerba mi cauce pasional y lípido,
descolocada por la cancelación del amor y su diccionario.

Hay que ser hembra como tú para yo enderezar mis ojos
y admirar una dama llena de fuego para inflamar la leña;
mientras atiborras de tus proteínas mis glóbulos rojos,
para ser de esencia tu día a mi noche y besándola se preña.

Hay que ser hembra como tú para rasgar mi ropa puesta,
es difícil que alguien camine por mi romanticismo sutil;
no sé si habrá alguien que me invite como tú a una fiesta,
o a ver la luna en un banco abandonado de un ferrocarril.

Hay que ser hembra como tú para dominar así mis horas,
para hacerme sentir y vivir a destiempo abatiéndolo todo;
eres una hembra con rabia inquilina o alquiler a deshoras,
punto exacto para mi dominio y amorío; tú, de otro modo.

44- <u>QUIERO DESALOJAR TU RECUERDO</u>

Te aproximas a mí, exhaustiva,
sé que quieres partir adónde no sabes;
en fin, vete, es tu existencia evasiva,
la que viviendo acabes.

Ahora me quedo aquí,
cineasta de un teatro sin concluir;
nadie se va de la escena porque sí,
nadie quiere ser el alma de reír.

Quiero desalojar tu recuerdo,
totalmente, aparezco loco en tu vista;
ya no sé cómo lo hace cada cuerdo
para ti, estar correcto en la lista.

45- <u>LUNA DE DÍA Y SOL DE NOCHE</u>

Entre lentejuelas que cabildean mi imaginación
se incorpora la luz de la luna por el día, y el sol de noche
deja de salir al amanecer, para iluminar mi corazón,
mientras en el parvulario de los ensueños, hay reproche.

No puede ser tan de día ni tan de noche, si aun es de día,
tiene que existir un punto intermedio que enlace al amor;
desencuentros y deseos al mismo tiempo sin analogía,
barcaza de sentir que termina en dolor.

No lleva adversarios la guerra de amar,
tiene acompañantes delirantes que van hacia la luna;
y es el amor tan misterioso como el secreto del mar,
tan intrínsecamente como buscar en la Nada, fortuna.

OASIS & ALAMBIQUE
PUBLISHING